고려대 재미있는 한국어

쓰기 Writing

고려대학교 한국어센터 편

③

KU PRESS
고려대학교출판문화원

고려대학교 한국어센터는 1986년 설립된 이래 한국어와 한국 문화를 재미있게 배우고 효과적으로 가르치는 방법을 연구해 왔습니다. 《고려대 한국어》와 《고려대 재미있는 한국어》는 한국어센터에서 내놓는 세 번째 교재로 그동안 쌓아 온 연구 및 교수 학습의 성과를 바탕으로 하고 있습니다.

이 책의 가장 큰 특징은 한국어를 처음 접하는 학습자도 쉽게 배워서 바로 사용할 수 있도록 구성했다는 점입니다. 한국어 환경에서 자주 쓰이는 항목을 최우선하여 선정하고 이 항목을 학습자가 교실 밖에서 사용할 수 있도록 연습 기회를 충분히 그리고 다양하게 제공하고 있습니다.

이 책을 내기까지 많은 분들의 도움을 받았습니다. 먼저 지금까지 고려대학교 한국어센터에서 한국어를 공부한 학습자들께 감사드립니다. 쉽고 재미있는 한국어 교수 학습에 대한 학습자들의 다양한 요구가 없었다면 이 책은 나오지 못했을 것입니다. 그리고 한국어 학습자들의 요구에 부응하기 위해 열정적으로 교육과 연구에 헌신하고 계신 고려대학교 한국어센터의 선생님들께도 감사드립니다.

무엇보다 한국어 학습자와 한국어 교원의 요구 그리고 한국어 교수 학습 환경을 종합적으로 고려한 최상의 한국어 교재를 위해 밤낮으로 고민하고 집필에 매진하신 저자분들께 깊은 감사를 드립니다. 이 밖에도 이 책이 보다 멋진 모습을 갖출 수 있도록 도와주신 고려대학교 출판문화원의 윤인진 원장님과 직원 여러분께도 감사드립니다. 그리고 집필진과 출판문화원의 요구를 수용하여 이 교재에 맵시를 입히고 멋을 더해 주신 랭기지플러스의 편집 및 디자인 전문가, 삽화가의 노고에도 깊은 경의를 표합니다.

부디 이 책이 쉽고 재미있게 한국어를 배우고자 하는 한국어 학습자와 효과적으로 한국어를 가르치고자 하는 한국어 교원 모두에게 도움이 되기를 바랍니다. 또한 앞으로 한국어 교육의 내용과 방향을 선도하는 역할도 아울러 할 수 있게 되기를 희망합니다.

2020년 9월

국제어학원장 김 정 숙

이 책의 특징

《고려대 한국어》와 《고려대 재미있는 한국어》는 '형태를 고려한 과제 중심 접근 방법'에 따라 개발된 교재입니다. 《고려대 한국어》는 언어 항목, 언어 기능, 문화 등이 통합된 교재이고, 《고려대 재미있는 한국어》는 말하기, 듣기, 읽기, 쓰기로 분리된 기능 교재입니다.

《고려대 한국어》 3A와 3B가 100시간 분량, 《고려대 재미있는 한국어》 말하기, 듣기, 읽기, 쓰기가 100시간 분량의 교육 내용을 담고 있습니다. 200시간의 정규 교육 과정에서는 여섯 권의 책을 모두 사용하고, 100시간 정도의 단기 교육 과정이나 해외 대학 등의 한국어 강의에서는 강의의 목적이나 학습자의 요구에 맞는 교재를 선택하여 사용할 수 있습니다.

<고려대 재미있는 한국어>의 특징

▶ **한국어 사용 환경에 놓이지 않은 학습자도 쉽게 배울 수 있습니다.**
- 한국어 표준 교육 과정에 맞춰 성취 수준을 낮췄습니다. 핵심 표현을 정확하고 유창하게 사용하는 것이 목표입니다.
- 제시되는 언어 표현을 통제하여 과도한 입력의 부담 없이 주제와 의사소통 기능에 충실할 수 있습니다.
- 알기 쉽게 제시하고 충분히 연습하는 단계를 마련하여 학습한 내용의 이해에 그치지 않고 바로 사용할 수 있습니다.

▶ **학습자의 동기를 이끄는 즐겁고 재미있는 교재입니다.**
- 한국어 학습자가 가장 많이 접하고 흥미로워하는 주제와 의사소통 기능을 다룹니다.
- 한국어 학습자의 특성과 요구를 반영하여 실제적인 자료를 제시하고 유의미한 과제 활동을 마련했습니다.
- 한국인의 언어생활, 언어 사용 환경의 변화를 발 빠르게 반영했습니다.
- 친근하고 생동감 있는 삽화와 입체적이고 감각적인 디자인으로 학습의 재미를 더합니다.

<고려대 재미있는 한국어 3>의 구성

▶ 말하기 18단원, 듣기 12단원, 읽기 12단원, 쓰기 12단원으로 구성하였으며 한 단원은 내용에 따라 1~4시간이 소요됩니다.

▶ 각 기능별 단원 구성은 아래와 같습니다.

🔊 말하기

도입	배워요 1~2	말해요 1~3	자기 평가
학습 목표 생각해 봐요	주제, 기능 수행에 필요한 어휘와 문법 제시 및 연습	• 형태적 연습/유의적 연습 • 의사소통 말하기 과제 • 역할극/인터뷰/게임 등	

🎧 듣기

도입	들어요 1	들어요 2~3	자기 평가	더 들어요
학습 목표 생각해 봐요	어휘나 표현에 집중한 부분 듣기	주제, 기능과 관련된 다양한 듣기		표현, 기능 등이 확장된 듣기

📖 읽기

도입	읽어요 1	읽어요 2~3	자기 평가	더 읽어요
학습 목표 생각해 봐요	어휘나 표현에 집중한 부분 읽기	주제, 기능과 관련된 다양한 읽기		표현, 기능 등이 확장된 읽기

✏️ 쓰기

도입	써요 1	써요 2	자기 평가
학습 목표	어휘나 표현에 집중한 문장 단위 쓰기	주제, 기능에 맞는 담화 차원의 쓰기	

▶ 교재의 앞부분에는 '이 책의 특징'을 배치했고, 교재의 뒷부분에는 '정답'과 '듣기 지문'을 부록으로 넣었습니다.

▶ 모든 듣기는 MP3 파일 형태로 내려받아 들을 수 있습니다.

<고려대 재미있는 한국어 3>의 목표

새로운 생활, 나의 성향, 공공 규칙, 생활비 관리 등 중급 수준에서 다루어야 하는 개인적, 사회적 주제에 대해 단락 단위로 이해하고 표현할 수 있습니다. 동아리 가입, 여행 계획 세우기, 공공장소 이용, 생활용품 구입 등을 통해 사회적 관계를 맺거나 사회적 맥락에서의 의사소통 기능을 수행할 수 있습니다. 구어와 문어, 격식체와 비격식체가 사용되는 맥락을 이해하고 정확하고 적절하게 사용할 수 있습니다.

이 책의 특징

단원 제목 ◀

· 단원의 제목입니다.

학습 목표 ◀

· 단원의 의사소통 목표입니다.

써요 1 ◀

· 단원의 주제를 표현하거나 기능을 수행하는 데 필요한
  어휘 및 문법 표현에 초점을 둔 쓰기 연습 활동입니다.
· 문장 단위의 쓰기입니다.

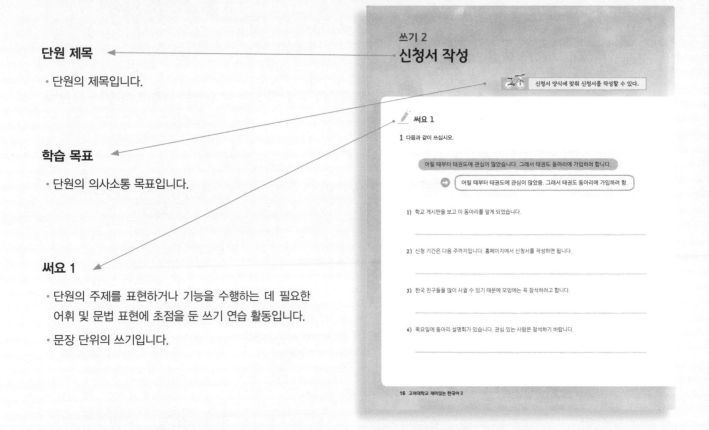

쓰기 확장 ◀

· 장르적 특성에 초점을 둔 쓰기 과제 활동입니다.

써요 1 ◀

· 장르에 맞는 문체로 쓰기 또는 의미와 기능이 유사한 표현의
  쓰임을 구별하기 위한 쓰기 연습 활동입니다.

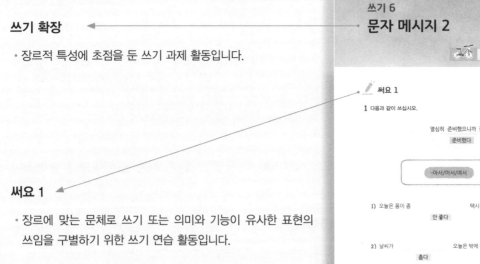

🖊 써요 2

● 다음 장소를 묘사하는 글을 쓰십시오.

1 세 곳의 카페가 있습니다. 가장 마음에 드는 한 곳을 선택하십시오.

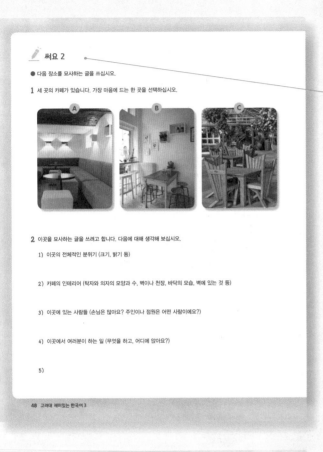

2 이곳을 묘사하는 글을 쓰려고 합니다. 다음에 대해 생각해 보십시오.

1) 이곳의 전체적인 분위기 (크기, 밝기 등)

2) 카페의 인테리어 (탁자와 의자의 모양과 수, 벽이나 천장, 바닥의 모습, 벽에 있는 것 등)

3) 이곳에 있는 사람들 (손님은 많아요? 주인이나 점원은 어떤 사람이에요?)

4) 이곳에서 여러분이 하는 일 (무엇을 하고, 어디에 앉아요?)

5)

48 고려대 재미있는 한국어 3

써요 2

· 단원의 주제와 기능이 구현된 의사소통적 쓰기 과제 활동입니다.
· 담화 단위의 쓰기로 담화의 내용을 유도하는 단서를 이용해 쓰기를 합니다.

4) 위의 내용을 친구(왕웨이)에게 보낼 때 어떻게 쓸 거예요? 빈칸에 쓰십시오.

3 생각한 것을 바탕으로 문자 메시지를 쓰십시오.

원인·이유 표현을 사용하여 문자 메시지를 쓸 수 있어요? ☆☆☆☆☆

써요 2

· 형태적, 내용적 긴밀성을 갖추고 장르의 특성에 맞는 담화의 산출을 목표로 하는 쓰기 과제 활동입니다.

자기 평가

· 학습 목표의 달성 여부를 학습자가 스스로 점검합니다.

쓰기 6_문자 메시지 2 33

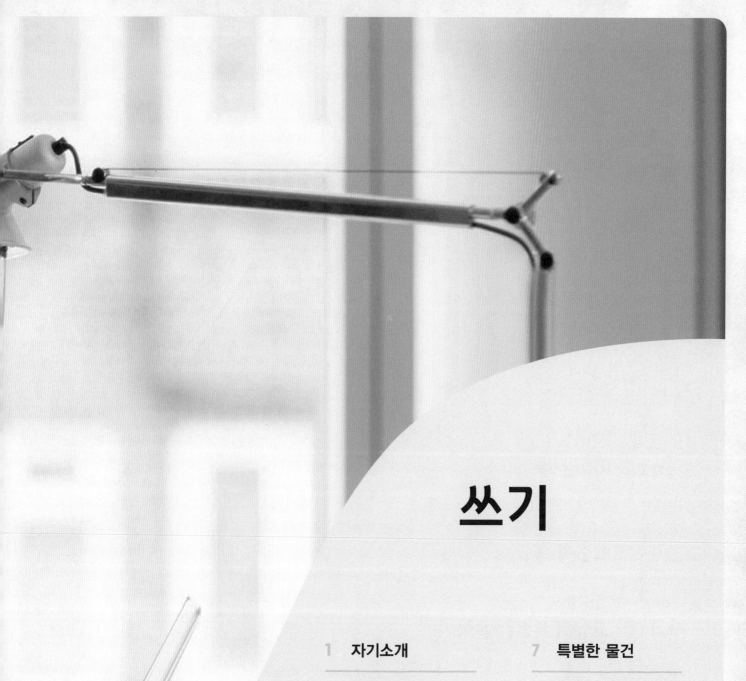

쓰기

차례

부록

쓰기 1
자기소개

 격식을 갖춰 자기소개 글을 쓸 수 있다.

 써요 1

1 다음과 같이 쓰십시오.

> 동아리 가입하러 왔어요. 동아리에 가입하러 왔습니다.

1) 동아리 신청 기간은 내일까지예요.

_____

2) 다음 달에 회원 모집을 할 거예요. 그때 같이 가입해요.

_____

3) 오늘은 신청서만 내도 되지요? 회비는 다음에 낼게요.

_____

4) 다음 주에 신입 회원 환영회를 하려고 하는데요. 다들 시간 괜찮아요? 안 되는 사람은 저한테 알려 주세요.

_____

_____

5) 마음에 드는 집이 있는데 회사에서 좀 멀어요.

_____

6) 어때요? 어려워요? 모르는 것이 있으면 선생님께 물어보세요.

_____

7) 어제는 몸이 너무 안 좋아서 출근을 못 했어요.

_____

2 다음과 같이 쓰십시오.

프랑스에서 왔다, 줄리 ➡ 저는 프랑스에서 온 줄리입니다.

1) 영화를 좋아하다, 사람

_____

2) 한국어를 배운 지 5년이 되었다, 학생

_____

3) 태권도, 농구, 배드민턴 등 운동이 취미이다, 바트

_____

4) 가수 제이를 알고 난 후 매일이 행복하다, 두엔

_____

 **써요 2**

● 여러분을 소개하는 글을 격식을 갖춰 쓰십시오.

1 다음에 대해 어떻게 표현할지 생각해 보십시오.

    1) 이름과 국적

    2) 직업

    3) 한국어에 관심을 갖게 된 계기, 한국어 공부 경험

    4) 앞으로의 계획

    5)

2 위의 내용을 바탕으로 글의 구조를 생각하며 자기소개 글을 쓰십시오.

_____

_____

_____

_____

_____

_____

_____

_____

3 여러분의 자기소개가 좀 더 기억에 남을 수 있도록 바꿔 쓰십시오. 특히 처음에 자기를 소개하는 부분을 다시 쓰십시오.

_____

_____

_____

4 친구의 자기소개 글을 바꿔 읽으십시오. 어떤 친구가 격식을 갖춰 잘 썼습니까? 어떤 친구의 글이 가장 기억에 남습니까? 이야기하십시오.

| 격식을 갖춰 자기소개 글을 쓸 수 있어요? | ☆ ☆ ☆ ☆ ☆ |

쓰기 2
신청서 작성

 신청서 양식에 맞춰 신청서를 작성할 수 있다.

 써요 1

1 다음과 같이 쓰십시오.

> 어릴 때부터 태권도에 관심이 많았습니다. 그래서 태권도 동아리에 가입하려 합니다.
>
> 어릴 때부터 태권도에 관심이 많았음. 그래서 태권도 동아리에 가입하려 함.

1) 학교 게시판을 보고 이 동아리를 알게 되었습니다.

---

2) 신청 기간은 다음 주까지입니다. 홈페이지에서 신청서를 작성하면 됩니다.

---

3) 한국 친구들을 많이 사귈 수 있기 때문에 모임에는 꼭 참석하려고 합니다.

---

4) 목요일에 동아리 설명회가 있습니다. 관심 있는 사람은 참석하기 바랍니다.

써요 2

● 동아리나 모임에 가입하는 신청서를 쓰십시오.

1 어떤 동아리나 모임에 가입할지 생각해 보십시오.

2 가입할 동아리를 생각하면서 다음 표현을 한국어로 어떻게 쓰면 좋을지 생각해 보십시오.

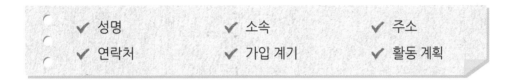

| ✔ 성명 | ✔ 소속 | ✔ 주소 |
| ✔ 연락처 | ✔ 가입 계기 | ✔ 활동 계획 |

3 동아리나 모임에 가입하는 신청서를 쓰십시오.

동아리 가입 신청서

성 명	(한글)	(영문)
생 년 월 일		
소 속		
연 락 처	휴대전화	
	email	
주 소		
가 입 계 기		
활 동 계 획		

20   년   월   일

신청인: ㉑

신청서 양식에 맞춰 신청서를 작성할 수 있어요?   ☆ ☆ ☆ ☆ ☆

쓰기 3
고향의 특별한 음식

 고향의 특별한 음식을 소개하는 글을 쓸 수 있다.

 써요 1

1 고향의 특별한 음식을 소개하는 글을 쓰려고 합니다. 다음의 질문을 읽고 쓰십시오.

1) 고향 사람들은 보통 무엇을 먹습니까? (밥, 빵, 국수 등)

2) 보통 어디에서 먹습니까? 어떤 방법으로 먹습니까? (직접 만들어서, 시켜서 등)

3) 여러분 고향의 특별한 음식은 무엇입니까? (가장 유명한 음식, 특별한 날 먹는 음식 등)

4) 그 음식은 무엇으로 만듭니까?

5) 어떻게 만듭니까?

_____

_____

6) 그 음식이 왜 특별합니까?

_____

_____

_____

✏️ 써요 2

● 여러분 고향의 특별한 음식에 대해 쓰십시오.

1 고향 음식 중 무엇에 대해 소개하고 싶습니까? 체크하십시오.

☐	☐	☐	☐
가장 유명한 음식	즐겨 먹는 음식	특별한 날 먹는 음식	

2 체크한 것을 어떻게 소개하겠습니까? 메모하십시오.

3 위에서 메모한 내용을 바탕으로 여러분 나라의 특별한 음식을 소개하는 글을 쓰십시오.

_____

_____

_____

_____

_____

_____

_____

_____

_____

고향의 특별한 음식을 소개하는 글을 쓸 수 있어요? ☆ ☆ ☆ ☆ ☆ ☆

쓰기 4
문자 메시지 1

 반말로 상황에 맞게 문자 메시지를 쓸 수 있다.

 써요 1

1 다음과 같이 쓰십시오.

가 주말에 영화 보러 갈래요?

↳ 주말에 영화 보러 가자.

그래요. 그리고 밥도 먹어요. **나**

그래. 그리고 밥도 먹자. ↵

1)

가 아프면 집에 가서 좀 쉬세요.

↳

네, 그럴게요. **나**

↵

2)

가 집을 구하려면 어떻게 해야 돼요?

↳

부동산에 물어보세요. 이따가 저랑 같이 가요. **나**

↩

3)

가 아직도 자요? 왜 답이 없어요?

↳

미안해요. 지금 봤어요. **나**

↩

4)

가 3급 수료를 못 할까 봐 걱정이에요.

↳

너무 걱정하지 마세요. 지금처럼 하면 잘될 거예요. **나**

↩

써요 2

1 다음은 친구에게 보내는 메시지입니다. 상황에 맞게 메시지를 쓰십시오.

1)

> 은지야, 잘 지내?

응. 잘 지내.

_____

> 나도.

> 근데 우리 못 본 지 너무 오래됐지?

_____

_____

> 이번 주말? 그래, 좋아.

2)

오늘은 저녁 시켜 먹을까?

> 그래, 좋아.

> _____

난 다 괜찮아.

> 그럼 내 마음대로 시킬게.

> _____

7시쯤 도착할 거 같아.

> _____

3)

> 너 김 선생님 전화번호 알아?

> 응, 알아.

>

> 나 메시지 보낼 게 있는데 선생님 전화번호가 없어서

> 잠깐만

>

> 천천히 알려 줘도 돼. 고마워.

4)

> 너 오늘 학교에 왜 안 왔어?

>

> 많이 아파? 약은 먹었어?

>

> 내일은 학교에 올 수 있어?

>

> 그래. 그럼 오늘은 집에서 푹 쉬어.

> 고마워. 내일 봐.

5)

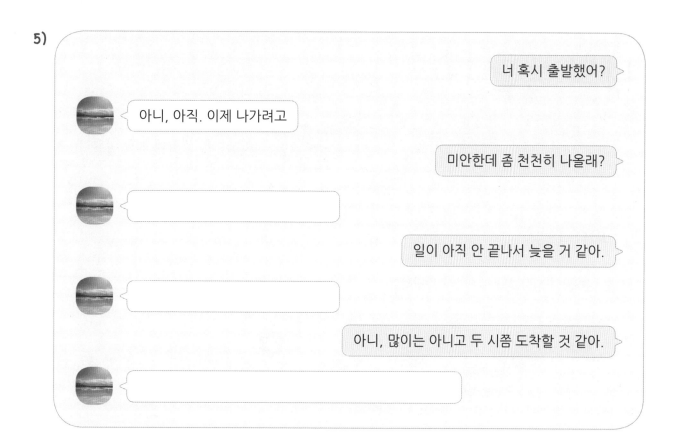

너 혹시 출발했어?

아니, 아직. 이제 나가려고

미안한데 좀 천천히 나올래?

일이 아직 안 끝나서 늦을 거 같아.

아니, 많이는 아니고 두 시쯤 도착할 것 같아.

 **써요 3**

● 문자 메시지를 보내서 친구와 주말에 만날 약속을 정하십시오.

반말로 상황에 맞게 문자 메시지를 쓸 수 있어요?	☆ ☆ ☆ ☆ ☆

쓰기 5
나의 생활

 요즘 나의 생활에 대한 글을 쓸 수 있다.

 써요 1

1 요즘 여러분의 생활에 대해 생각해 보십시오.

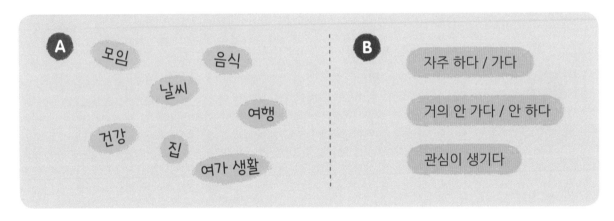

A 모임　음식　날씨　여행　건강　집　여가 생활

B 자주 하다 / 가다　거의 안 가다 / 안 하다　관심이 생기다

2 다음과 같이 **A**소재에 대해 **B**의 표현을 사용해서 문장을 쓰십시오.

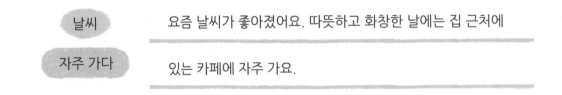

날씨 / 자주 가다

요즘 날씨가 좋아졌어요. 따뜻하고 화창한 날에는 집 근처에
있는 카페에 자주 가요.

1)　음식 / 자주 하다

_____

_____

_____

2)

날씨

거의 안 하다

_____

_____

_____

3)

건강

관심이 생기다

_____

_____

_____

4)

_____

_____

_____

5)

_____

_____

_____

 써요 2

● 나의 생활에 대한 글을 쓰십시오.

1 위에서 쓴 것 중 마음에 드는 소재를 2개 이상 고르십시오.

2 위의 소재를 연결하여 하나의 글을 쓰려고 합니다. 어떻게 연결할지 생각해 보십시오.

3 생각한 내용을 바탕으로 글을 쓰십시오.

| 요즘 나의 생활에 대한 글을 쓸 수 있어요? | ☆ ☆ ☆ ☆ ☆ |

문자 메시지 2

 원인·이유 표현을 사용하여 문자 메시지를 쓸 수 있다.

 써요 1

1 다음과 같이 쓰십시오.

열심히 준비했으니까 잘할 거예요. 걱정하지 마세요.

준비했다

| -아서/어서/여서 | -(으)니까 |

1) 오늘은 몸이 좀 _____ 택시를 타고 집에 왔어요.

안 좋다

2) 날씨가 _____ 오늘은 밖에 나가지 말고 집에 있자.

춥다

3) 지금은 _____ 나중에 다시 전화 주실래요?

바쁘다

4) 한국어 실력이 _____ 걱정이에요.

늘지 않다

5) 이게 다른 것보다 _____ 이걸로 사야겠어요.
   저렴하다

6) 바쁘신데 이렇게 _____ 감사합니다.
   도와주시다

7) 한국에 대해 아직 잘 _____ 회원 여러분께서 많이 도와주시면 좋겠습니다.
   모르다

8) 지금은 여행 _____ 숙소가 많이 비싸고 예약하기도 어렵습니다.
   성수기이다

9) 가입 신청 기간이 _____ 동아리 가입을 못 했습니다.
   끝났다

2 빈칸에 알맞은 표현을 쓰십시오.

1) 어제는 날씨가 너무 추워서 _____.

2) 시간이 늦었으니까 _____.

3) _____ 기분이 좋았어요.

4) _____ 이번 시험은 잘 볼 거예요.

5) _____ 미안합니다.

6) 저는 한국 사람이 아니라서 _____.

 ## 써요 2

● 다음 상황에 맞는 문자 메시지를 쓰십시오.

1 다음 상황에 대해 생각해 보십시오.

> **A** 선생님께 문자 메시지 보내기   ⊙ 학교에 가지 못함

1) 왜 학교에 가지 못해요?

2) '-아서'나 '-니까' 중 하나의 표현을 사용해 문장을 만들어 보세요.

> **B** 친구한테 문자 메시지 보내기   ⊙ 친구한테 빌리고 싶은 물건

1) 무엇을 빌릴 거예요? 왜 그 물건을 빌리고 싶어요?

2) '-아서'나 '-니까' 중 하나의 표현을 사용해 문장을 만들어 보세요.

2 문자 메시지 쓰는 방식에 대해 생각해 보십시오.

1) 메시지를 처음 보낼 때 인사와 자기소개를 어떻게 쓸 거예요?

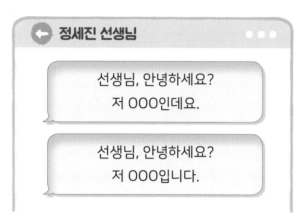

2) 메시지를 보내기 좋은 시간이 아닐 때 어떻게 미안함을 표현할 거예요?

3) 메시지를 끝낼 때 어떻게 쓸 거예요?

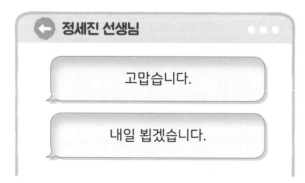

4) 위의 내용을 친구(왕웨이)에게 보낼 때 어떻게 쓸 거예요? 빈칸에 쓰십시오.

3 생각한 것을 바탕으로 문자 메시지를 쓰십시오.

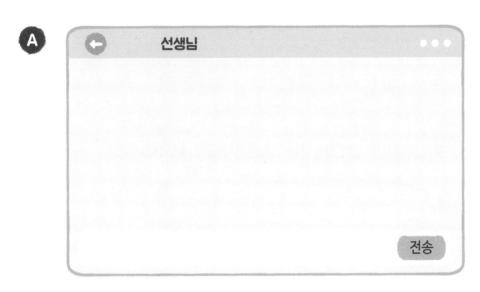

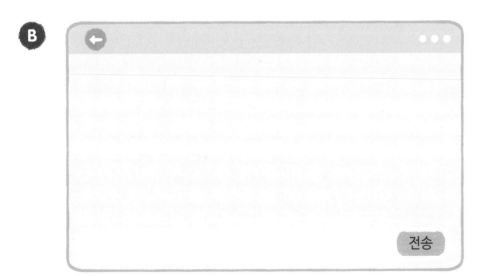

원인 · 이유 표현을 사용하여 문자 메시지를 쓸 수 있어요?	☆ ☆ ☆ ☆ ☆

쓰기 7
특별한 물건

 특별한 물건에 대한 글을 쓸 수 있다.

🖊 써요 1

1 여러분이 지금까지 산 물건 중에 특별한 물건이 있습니까? 그 물건에 대해 메모하십시오.

1)
물건 이름

2)
언제/어디에서

3)
물건을 산 이유

4)
그 물건의 특징

5)

나에게 특별한 이유

6)

지금 그 물건이 있는 곳

써요 2

● 나에게 특별한 물건을 소개하는 글을 쓰십시오.

1 메모를 바탕으로 글을 쓸 때 어떤 흐름으로 쓸지 생각해 보십시오.

2 생각한 내용을 바탕으로 글을 쓰십시오.

특별한 물건에 대한 글을 쓸 수 있어요? ☆ ☆ ☆ ☆ ☆

쓰기 8
문의·부탁 이메일

 문의·부탁의 이메일을 쓸 수 있다.

 써요 1

1 다음을 문의 · 부탁의 이메일에 어울리게 고쳐 쓰십시오.

나는 장카이야.		저는 장카이라고 합니다.

1) 안녕?

_____

2) 제출 서류를 물어보려고 메일을 써.

_____

3) 부탁이 있어서 이렇게 메일을 보내.

_____

4) 신청은 어떻게 해?

_____

5) 신청서는 다음 주에 내도 돼?

_____

6) 필요한 서류 좀 알려 줘.

_____

7) 이 서류 사무실에 좀 내 줘.

_____

8) 신청서 다시 내.

_____

9) 답장 기다릴게.

_____

10) 그럼 안녕.

_____

 써요 2

● 격식을 갖춰 문의하거나 부탁하는 이메일을 쓰십시오.

1 다음에 대해 생각해 보십시오.

1) 어떤 이메일을 보낼 겁니까? 어디에 누구에게 보낼 겁니까?

| 예약 변경 문의 | 추천서 부탁 | 쓰기 피드백 부탁 | ? |

2) 이메일을 어떻게 시작할 겁니까?

3) 여러분을 어떻게 소개할 겁니까?

4) 이메일을 보내는 이유를 어떻게 쓸 겁니까? 다음 표현을 사용해 보십시오.

-(으)면 됩니까?   -아야/어야/여야 합니까?   -아도/어도/여도 됩니까?

-아/어/여 주실 수 있으세요?   -아/어/여 주시면 감사하겠습니다.   -기 바랍니다.

5) 이메일을 어떻게 끝낼 겁니까?

6) 보내는 사람을 어떻게 쓸 겁니까?

2 생각한 내용을 바탕으로 이메일을 쓰십시오.

☆ 🔒 m.kumail.com ↻

✕ 내게 쓰기 ✈

받는 사람 ⮟

제목 📎

문의 · 부탁의 이메일을 쓸 수 있어요? ☆ ☆ ☆ ☆ ☆

쓰기 9
문장의 확장

 문장을 확장해 쓸 수 있다.

 써요 1

1 다음과 같이 쓰십시오.

가게에서 옷을 샀습니다.

➡
집 근처에 있는
새로 생긴
어제

가게에서 옷을 샀습니다.

➡ 집 근처에 있는 가게에서

어머니의
친구 결혼식 때 입을
요즘 유행하는

옷을 샀습니다.

1) 이리나 씨는 카페에 자주 갑니다.

➡

이리나 씨는 카페에 자주 갑니다.

→ _____ 이리나 씨는 [   ] 카페에 자주 갑니다.

[   ]

[   ]

2 다음과 같이 쓰십시오.

내일은 여자 친구의 생일입니다.

→ 내일은 여자 친구의

생일이라서 회식에 못 갈 것 같습니다.

생일이니까 좋은 식당에 가려고 합니다.

생일인데 깜박 잊고 선물을 준비하지 못했습니다.

1)

지금 사는 곳은 옥탑방이라서 경치가 좋습니다.

→ 지금 사는 곳은 옥탑방이라서 경치가

[   ]

[   ]

[   ]

2)

저는 대학교 입학시험에 떨어졌습니다.

➡ 저는 대학교 입학시험에

```
┌─────────────────────────────────────────────────────┐
└─────────────────────────────────────────────────────┘
┌─────────────────────────────────────────────────────┐
└─────────────────────────────────────────────────────┘
┌─────────────────────────────────────────────────────┐
└─────────────────────────────────────────────────────┘
```

3 빈칸에 알맞은 표현을 쓰십시오.

1)

_____ 슬기 씨는 _____

회사에 다닙니다. 그런데 슬기 씨는 _____ 회사를 그만두

려고 생각하고 있습니다.

2)

저는 어제 _____ 친구를 만났습니다. 우리는 _____ 식당에

갔는데 _____ . _____

_____ 기다리기로 했습니다. 오래 기다린 후에 음식을 먹었는데 _____

_____

✏️ 써요 2

● 한국에서 가장 기억에 남는 날에 대해 글을 쓰십시오.

1 지금까지 한국에 와서 살면서 가장 기억에 남는 날은 언제인지 생각해 보십시오.

2 그날 무슨 일이 있었습니까? 그날이 가장 기억에 남는 이유는 무엇인지 생각해 보십시오.

3 생각한 내용을 바탕으로 짧은 시간 안에 글을 쓰십시오.

_____

_____

_____

_____

_____

4 쓴 글을 친구와 바꿔 읽으십시오. 더 확장할 수 있는 부분을 찾아 ✔표를 하고 친구와 이야기하십시오.

5 친구와 이야기한 것을 바탕으로 문장을 확장해 글을 다시 쓰십시오.

_____

_____

_____

_____

_____

_____

_____

_____

_____

_____

문장을 확장해 쓸 수 있어요? ☆ ☆ ☆ ☆ ☆

쓰기 10
묘사

 형용사를 다양하게 사용해 묘사를 할 수 있다.

 써요 1

1 다음 사진을 자세히 묘사하는 글을 쓰십시오.

1) 이곳의 전체적인 분위기와 크기는 어떻습니까?

_____

_____

2) 이곳에 무엇이 있습니까? 보이는 것을 모두 쓰십시오.

_____

_____

_____

3) 이곳은 무엇을 하는 장소 같습니까? 추측해서 쓰십시오.

_____

_____

4) 어떤 사람이 여기에 있을 것 같습니까? 여기에 있는 사람은 몇 명이고 그 사람은 무엇을 하고 있습니까? 추측해서 쓰십시오.

_____

_____

_____

써요 2

● 다음 장소를 묘사하는 글을 쓰십시오.

1 세 곳의 카페가 있습니다. 가장 마음에 드는 한 곳을 선택하십시오.

2 이곳을 묘사하는 글을 쓰려고 합니다. 다음에 대해 생각해 보십시오.

1) 이곳의 전체적인 분위기 (크기, 밝기 등)

2) 카페의 인테리어 (탁자와 의자의 모양과 수, 벽이나 천장, 바닥의 모습, 벽에 있는 것 등)

3) 이곳에 있는 사람들 (손님은 많아요? 주인이나 점원은 어떤 사람이에요?)

4) 이곳에서 여러분이 하는 일 (무엇을 하고, 어디에 앉아요?)

5)

3 생각한 내용을 바탕으로 카페를 묘사하는 글을 쓰십시오.

_____

_____

_____

_____

_____

_____

_____

_____

_____

_____

형용사를 다양하게 사용해 묘사를 할 수 있어요?	☆ ☆ ☆ ☆ ☆

쓰기 11

서사

써요 1

1 이 사람의 경험을 순서대로 쓰십시오.

1) 그림을 보고 이 사람에게 무슨 일이 있었는지 이야기하십시오.

2) 이야기의 순서가 나타나도록 알맞은 내용을 쓰십시오.

_____

그래서 빨리 준비하고 나갔습니다.

_____

버스가 떠나려고 하고 있었습니다.

_____

뛰어가서 버스를 탔습니다.

_____

창문 밖을 봤는데 뭔가 이상했습니다.

_____

너무 당황한 저는 다음 정류장에서 내렸습니다.

_____

110번이었습니다.

_____

버스를 잘못 탄 것이었습니다.

_____

 써요 2

● 다음 사람의 경험을 순서대로 쓰십시오.

1 다음은 '지홍이의 이야기'입니다. 그림을 보고 쓰십시오.

1)

_____

_____

2)

_____

_____

3)

_____

_____

4)

_____

_____

2 다음은 이야기의 순서를 잘 보여 주는 표현입니다. 앞에서 쓴 글을 읽고 어떤 표현을 사용했는지 확인하십시오.

다음 날	그때	잠시 후	-아서/어서/여서	-(으)ㄴ 후에	-다가

3 전체 이야기의 흐름을 생각하며 '지홍이의 이야기'를 쓰십시오.

_____

_____

_____

_____

_____

_____

_____

_____

_____

경험을 시간의 순서에 맞게 쓸 수 있어요?	☆ ☆ ☆ ☆ ☆

쓰기 12
설명하는 글

 설명하는 글을 쓸 수 있다.

 생각해 봐요

● 다음 두 글을 읽고 어떻게 다른지 생각해 보십시오.

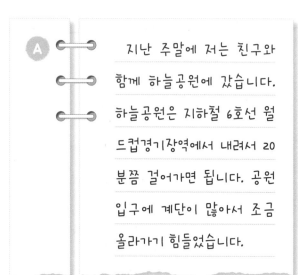

A
지난 주말에 저는 친구와 함께 하늘공원에 갔습니다. 하늘공원은 지하철 6호선 월드컵경기장역에서 내려서 20분쯤 걸어가면 됩니다. 공원 입구에 계단이 많아서 조금 올라가기 힘들었습니다.

B
하늘공원은 서울 상암동에 있는 공원이다. 서울에 있는 많은 공원 중 하늘과 가장 가까운 곳에 있어서 하늘공원이라고 한다. 하늘공원에 가려면 291개의 계단을 올라가야 한다.

 써요 1

1 다음과 같이 쓰십시오.

 제주도는 한국의 유명한 관광지예요. 즐길 거리가 다양해서 사람들이 많이 찾아와요.

➡ 제주도는 한국의 유명한 관광지이다. 즐길 거리가 다양해서 사람들이 많이 찾아온다.

1) 제주도는 한국의 가장 남쪽에 있는 섬이에요. 크기는 서울보다 훨씬 크지만 사람은 많지 않아요.

---

2) 서울에서 가려면 비행기로 한 시간쯤 걸려요. 항공편이 자주 있기 때문에 쉽게 갈 수 있어요.

---

3) 제주도는 남쪽에 있어서 서울보다 온도가 높고 일 년 내내 따뜻한 편이에요. 그래서 서울과 다른 경치를 즐길 수 있어요.

---

4) 제주도에서 가장 유명한 곳은 한라산이에요. 한라산은 한국에서 가장 높은 산으로 다양한 자연과 동물, 식물을 구경할 수 있어요.

---

5) 제주도는 지하철과 같은 대중교통이 많지 않아서 조금 불편해요. 그래서 제주를 찾는 관광객은 주로 차를 빌려서 관광을 해요.

써요 2

● 여러분 나라의 대표적인 관광지를 한국인에게 설명하는 글을 쓰십시오.

1 관광지를 한 곳 선택하고 그곳에 대한 정보를 찾아보십시오.

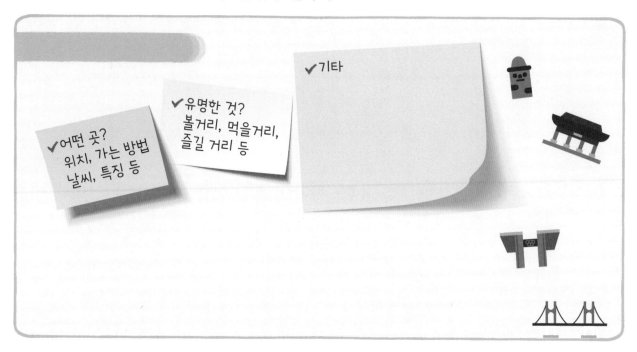

2 찾은 내용을 바탕으로 어떻게 글을 쓸지 생각해 보십시오.

3 생각한 내용을 바탕으로 관광지를 설명하는 글을 쓰십시오.

_____

_____

_____

_____

_____

_____

_____

설명하는 글을 쓸 수 있어요?	☆ ☆ ☆ ☆ ☆

정답

1과 자기소개

● 써요 1

1

1) 동아리 신청 기간은 내일까지입니다.

2) 다음 달에 회원 모집을 할 것입니다. 그때 같이 가입합시다.

3) 오늘은 신청서만 내도 됩니까? 회비는 다음에 내겠습니다.

4) 다음 주에 신입 회원 환영회를 하려고 합니다. 다들 시간 괜찮습니까? 안 되는 사람은 저에게 알려 주십시오.

5) 마음에 드는 집이 있는데 회사에서 좀 멉니다.

6) 어떻습니까? 어렵습니까? 모르는 것이 있으면 선생님께 물어보십시오.

7) 어제는 몸이 너무 안 좋아서 출근을 못 했습니다./ 어제는 몸이 너무 안 좋았기 때문에 출근을 하지 못했습니다.

2

1) 저는 영화를 좋아하는 사람입니다.

2) 저는 한국어를 배운 지 5년이 된 학생입니다.

3) 저는 태권도, 농구, 배드민턴 등 운동이 취미인 바트입니다.

4) 저는 가수 제이를 알고 난 후 매일이 행복한 두엔입니다.

2과 신청서 작성

● 써요 1

1) 학교 게시판을 보고 이 동아리를 알게 되었음.

2) 신청 기간은 다음 주까지임. 홈페이지에서 신청서를 작성하면 됨.

3) 한국 친구들을 많이 사귈 수 있기 때문에 모임에는 꼭 참석하려고 함.

4) 목요일에 동아리 설명회가 있음. 관심 있는 사람은 참석하기 바람.

3과 고향의 특별한 음식

● 써요 1

1) 한국 사람들은 보통 밥과 국이나 찌개 그리고 여러 가지 재료로 만든 반찬을 함께 먹습니다. 그중에서도 김치는 한국 사람들이 가장 많이 먹는 반찬입니다. 그리고 국수나 만두 같은 밀가루 음식도 자주 먹습니다.

2) 아침은 집에서 밥을 해서 먹거나 빵과 우유 같은 간단한 것을 먹습니다. 보통 점심은 학교나 회사 근처에서 사 먹고 저녁은 집에서 주로 해 먹는데 요즘에는 시켜 먹거나 사다 먹는 사람도 많아졌습니다.

3) 한국은 1월 1일에 떡국을 먹습니다.

4) 떡국은 쌀로 만든 떡과 소고기, 달걀로 만듭니다.

5) 떡을 물에 넣고 끓여서 만드는데 볶은 소고기와 달걀, 김을 위에 올려서 먹습니다.

6) 떡국은 새해의 첫날인 1월 1일에 먹는데 한국 사람들은 떡국을 먹으면 한 살이 더 많아진다고 생각하기 때문에 떡국을 먹습니다.

4과 문자 메시지 1

● 써요 1

1) 가: 아프면 집에 가서 좀 쉬어.
   나: 응, 그럴게.
2) 가: 집을 구하려면 어떻게 해야 돼?
   나: 부동산에 물어봐. 이따가 나랑 같이 가자.
3) 가: 아직도 자? 왜 답이 없어?
   나: 미안해. 지금 봤어.
4) 가: 3급 수료를 못 할까 봐 걱정이야.
   나: 너무 걱정하지 마. 지금처럼 하면 잘될 거야.

● 써요 2

1)

2)

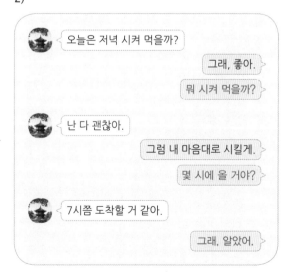

3)

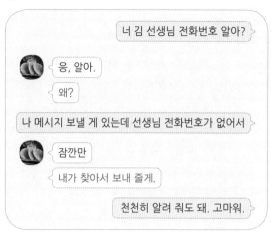

4)

5)

● 써요 1

1) 저는 매운 음식을 잘 못 먹어요. 그런데 한국 식당에는 매운 음식이 너무 많아서 집에서 요리를 자주 하게 됐어요.

2) 저는 밖에 나가서 산책하는 것을 좋아해요. 그런데 요즘은 날씨가 너무 추워져서 주로 집에 있어요. 그래서 산책도 거의 안 하고 있어요.

3) 한국에 온 후 배탈이 자주 나고 얼굴에도 뭐가 날 때가 많습니다. 그래서 요즘 건강에 좋은 음식에 관심이 생겼습니다. 고기보다 채소와 과일을 많이 먹으려고 합니다.

● 써요 1

1

1) 안 좋아서
2) 추우니까
3) 바쁘니까
4) 늘지 않아서
5) 저렴하니까
6) 도와주셔서
7) 모르니까
8) 성수기라서
9) 끝나서

2

1) 밖에 안 나가고 집에만 있었습니다
2) 이제 그만하고 갑시다
3) 날씨가 화창해서
4) 공부를 열심히 했으니까
5) 오래 기다리게 해서
6) 잘 모르겠습니다

● 써요 1

1) 지갑

2) 대학교 1학년 때, 백화점에서

3) 그때 친구들 사이에서 가장 인기가 있는 지갑이었음.

4) 초록색 체크무늬 가죽 지갑, 앞에 리본이 붙어 있음. 크기는 손바닥만 하고 카드를 많이 넣을 수 있음.

5) 지갑을 정말 갖고 싶었음. 그런데 학생이었고 돈이 없었음. 그 지갑은 유명한 브랜드의 지갑이라서 너무 비쌌음. 지갑을 사고 싶어서 아르바이트를 했음. 힘들게 일해서 번 돈으로 산 지갑임. 그래서 특별함.

6) 지금은 오래돼서 쓸 수 없음. 고향 집의 책상 서랍 속에 있음.

● 써요 1

1) 안녕하십니까?
2) 제출 서류를 물어보려고 메일을 씁니다.
3) 부탁이 있어서 이렇게 메일을 보냅니다.
4) 신청은 어떻게 합니까?
5) 신청서는 다음 주에 내도 됩니까?
6) 필요한 서류 좀 알려 주십시오./알려 주시면 감사하겠습니다.
7) 이 서류를 사무실에 좀 내 주십시오.
8) 신청서를 다시 내십시오.
9) 답장 기다리겠습니다.
10) 그럼 안녕히 계십시오.

9과 문장의 확장

● 써요 1

1

1)
- 돈이 많은
- ➡ 우리 반 이리나 씨는 카페에 자주 갑니다.
- 요즘

2)
- 집 근처의
- ➡ 요즘 이리나 씨는 고양이가 있는 카페에 자주 갑니다.
- 혼자서

2

1)
➡ 지금 사는 곳은 옥탑방이라서 경치가

- 좋고 가격이 쌉니다.
- 좋지만 여름에 너무 덥습니다.
- 좋다 보니 친구들이 자주 놀러 옵니다.
- 좋은데 밤에는 특히 더 예쁩니다.

2)
➡ 저는 대학교 입학시험에

- 떨어진 후에 너무 슬퍼서 3일 동안 울었습니다.
- 떨어지면 다른 나라에 가서 공부할 생각입니다.
- 떨어졌지만 포기하지 않고 더 열심히 공부하기로 했습니다.
- 떨어져서 대학에 가지 못했습니다.

3

1)

사진 찍는 것을 좋아하는 슬기 씨는 잡지를 만드는 회사에 다닙니다. 그런데 슬기 씨는 일이 너무 많고 힘들어서 회사를 그만두려고 생각하고 있습니다.

2)

저는 어제 오랜만에 친구를 만났습니다. 우리는 요즘 인기가 많은 식당에 갔는데 기다리는 사람이 너무 많았습니다 . 사람이 많아도 그 식당에 꼭 가 보고 싶어서 기다리기로 했습니다. 오래 기다린 후에 음식을 먹었는데 생각보다 음식이 맛있지 않았습니다 .

10과 묘사

● 써요 1

1

1) 이 방은 전체적으로 좁고 깁니다. 벽에 작은 창이 하나만 있어서 좀 어두운 느낌입니다.

2) 방의 중간에 딱딱하고 네모난 모양의 큰 탁자가 있고 그 주변에 6개의 의자가 있습니다. 의자는 딱딱하고 불편해 보입니다. 벽은 갈색이고 깨끗합니다. 창문이 작아서 이 방에 어울리지 않습니다.

3) 이곳은 회의를 하는 장소인 것 같습니다. 창문이 작고 벽이 두꺼워서 밖에 있는 사람들이 안에 있는 사람들의 이야기를 들을 수 없을 것 같습니다. 그래서 회사에서 중요한 일을 하는 사람들이 모여서 비밀 이야기를 할 것 같습니다.

4) 6명의 남자가 모여 있습니다. 한 사람은 키가 작고 나이가 많아 보이는데 부드러운 느낌의 밝은색 옷을 입고 있고 편하게 앉아 있습니다. 이 사람은 노트북을 보면서 이야기를 하고 있습니다. 다른 5명은 모두 까만색 정장을 입고 있는데 어두운 얼굴로 이야기를 듣고 있습니다.

11과 서사

● 써요 1

2)

· 오늘 아침에 늦게 일어났습니다.

- 버스 정류장에 도착해서 보니까/버스 정류장에 갔는데
- 버스를 탄 후에
- 내린 후에 버스 번호를 보니까/내린 후에 버스 번호를 봤는데

12과　설명하는 글

● 써요 1

1) 제주도는 한국의 가장 남쪽에 있는 섬이다. 크기는 서울보다 훨씬 크지만 사람은 많지 않다.

2) 서울에서 가려면 비행기로 한 시간쯤 걸린다. 항공편이 자주 있기 때문에 쉽게 갈 수 있다.

3) 제주도는 남쪽에 있어서 서울보다 온도가 높고 일 년 내내 따뜻한 편이다. 그래서 서울과 다른 경치를 즐길 수 있다.

4) 제주도에서 가장 유명한 곳은 한라산이다. 한라산은 한국에서 가장 높은 산으로 다양한 자연과 동물, 식물을 구경할 수 있다.

5) 제주도는 지하철과 같은 대중교통이 많지 않아서 조금 불편하다. 그래서 제주를 찾는 관광객은 주로 차를 빌려서 관광을 한다.

MEMO

고려대 재미있는 한국어 ③

쓰기 writing

초판 발행	2020년 9월 25일
초판 2쇄	2022년 11월 25일
지은이	고려대학교 한국어센터
펴낸곳	고려대학교출판문화원
	www.kupress.com
	kupress@korea.ac.kr
	02841 서울특별시 성북구 안암로 145
	Tel 02-3290-4230, 4232
	Fax 02-923-6311
유통	한글파크
	www.sisabooks.com/hangeul
	book_korean@sisadream.com
	03017 서울시 종로구 자하문로 300 시사빌딩
	Tel 1588-1582
	Fax 0502-989-9592
일러스트	정회린, 황주리
편집디자인	한글파크
찍은곳	(주)동화인쇄
ISBN	979-11-90205-00-9 (세트)
	979-11-90205-95-5 04710

값 12,000원